Christian Gottlob August Bergt
(1771-1837)

Messe in Es

Partitur

herausgegeben
von Claudia Lubkoll

DONATUS

Bibliografische Information der Deutschen Nationalbibliothek:
Die Deutsche Nationalbibliothek verzeichnet diese Publikation in der Deutschen Nationalbibliografie;
detaillierte bibliografische Daten sind im Internet über www.dnb.de abrufbar.

Impressum

© 2020 Donatus-Verlag

Gestaltung:	spitzenton-design
Titelbild:	Martin Doering (www.die-orgelseite.de)
Rückseite:	Martin Doering (www.die-orgelseite.de)
Notensatz:	Claudia Lubkoll
Verlag:	Donatus-Verlag, Niederjahna
Herstellung:	Books on demand, BOD Norderstedt
ISBN:	978-3-946710-37-0
	www.donatus-verlag.de

Zu Christian Gottlob August Bergt

Der überaus produktive Komponist und Organist Christian Gottlob August Bergt stammt ursprünglich aus Oederan in Sachsen, wo er am 17. Juni 1771[1] als Sohn des Stadtmusikus Johann Christian Bergt (um 1739–1813) geboren wurde. Seit frühester Kindheit gehörte die Musikausübung zu seinem Leben. Er besuchte von 1785 bis 1791 die Dresdner Kreuzschule und erlebte einige bekannte musikalische Persönlichkeiten der Residenzstadt, wie den Hofkapellmeister Johann Gottlieb Naumann (1741–1801). Parallel dazu ging Bergt bei seinem Vater als Instrumentalmusiker in die Lehre. Nach seinem sehr erfolgreich abgeschlossenen Studium der Theologie an der Universität Leipzig von 1791 bis 1795, arbeitete Bergt zunächst als Hauslehrer. Er komponierte unter anderem eine Operette und ein Oratorium und empfahl sich mit der Aufführung einiger seiner Kompositionen im Leipziger Gewandhaus. 1801 erhielt er in Bautzen eine Organistenstelle am Dom St. Petri, einer der größten Simultankirchen im Deutschland. Neben der Tätigkeit als Organist arbeitete Bergt als Lehrer im Schullehrer-Seminar und schrieb zwei Lehrbücher. Er wirkte bis zu seinem Tod am 10. Februar 1837 am Bautzener Dom.[2]

Bergt komponierte im Laufe seines Lebens Werke für annähernd jede Gattung der Instrumental- und Kirchenmusik. Er schrieb zahlreiche Bühnenwerke, Kammermusikwerke, Werke für Tasteninstrumente, Terzette, Lieder usw. In einem Versteigerungskatalog sind fast 750 Werke angegeben, vermutlich existierten noch mehr. Er blieb unverheiratet, weshalb sein Nachlass nicht vererbt, sondern versteigert wurde.

Einen Großteil seines Schaffens nimmt die Kirchenmusik ein. Zu Lebzeiten erfreute sich Bergt größerer Bekanntheit, darunter fand sich sogar die Bewunderung von Carl Maria von Weber (1786–1826). Bergts Werke zeugen eher von einer zurückhaltenden Schlichtheit als von großem künstlerischen Anspruch, was jedoch die Aufführung seiner Musik für die breite Masse erlaubt und dazu beigetragen haben mag, dass Abschriften von Bergts Werken sogar in den USA, Russland, Italien und Großbritannien gefunden wurden.[3]

Zum Werk

Die Abschrift zu Bergts *Messe in Es* trägt das Datum vom 30. April 1834. Wann genau die Messe selbst entstanden ist, bleibt jedoch im Verborgenen. Einen Hinweis auf einen Entstehungsanlass gibt der verwendete Text. Die Antiphon *Vidi aquam* wird und wurde zum *Asperges* vor dem Hochamt am Sonntag in der Osterzeit zur Austeilung des Weihwassers gesungen (Ostersonntag bis Pfingsten).[4] 1834 fiel der Ostersonntag auf den 30. April – die Wahrscheinlichkeit ist demnach hoch, dass die *Messe in Es* tatsächlich zu diesem Anlass komponiert wurde.

Das Werk ist geprägt von starken Kontrasten zwischen Tempi und Dynamik, aber auch in der Besetzung. Besonders reizvoll gestalten sich die rein instrumentalen Abschnitte, wie das chromatische Orgelsolo nach dem *Osanna* und das orchestral gehaltene *Graduale*. Fast schon an eine Opernarie erinnernd, legte Bergt das Sopransolo im *Offertorium Lux orta est iusto* an. Auffallend ist die starke Textausdeutung im *Credo*, in der zum Beispiel das Herabsteigen (descendit) mit abfallenden Noten gekennzeichnet wird. Bergts Messe ist vielfältig von unterschiedlichsten prägnanten Motiven durchzogen. Es fallen besonders die Melodien im *Dona nobis pacem* und *Agnus Dei* ins Ohr.

Bergt wusste die speziellen akustischen Verhältnisse des Bautzener Doms mit seiner langen Nachhallzeit zu nutzen, indem er die Harmoniewechsel entsprechend verlangsamte und an bestimmten Stellen Fermaten setzte. Er erzielte außerdem eine Verdichtung von Akkordklängen durch den Halleffekt. Besonders eindrucksvoll ist das im *Agnus Dei* zu hören. Deshalb wäre es von Vorteil, diese Messe eher in hallenden Räumen zur Aufführung zu bringen, um die gewünschte Wirkung zu erzielen.

Mein Dank gilt dem Diözesanarchiv des Bistums Dresden-Meißen und seiner Leiterin Dr. Birgit Mitzscherlich für die Bereitstellung der Manuskripte zu dieser Messe. Des Weiteren danke ich dem Domkantor und

---

1   In zahlreichen Online-Nachschlagewerken und Lexika findet sich 1772 als Geburtsjahr, was wahrscheinlich auf ein ungeprüftes Abschreiben aus Gerbers *Neuem Tonkünstlerlexikon* oder Schillings *Enzyklopädie* zurückgeht, vgl. Michael Breugst: *Christian Gottlob August Bergt. Studien zu Leben und Schaffen mit einem Werkverzeichnis*, Hildesheim u.a. 2001, S. 18.

2   Vgl. Breugst: *August Bergt*, S. 27–126.

3   Vgl. Michael Breugst, Artikel „*Bergt, August*" in: MGG Online, hrsg. von Laurenz Lütteken, Kassel, Stuttgart, u. a. https://www.mggonline.com/mgg/stable/ (letzter Zugriff am 26. November 2020).

4   Vgl. https://www.mariawalder-messbuch.de/as62/asperges/vidiaquam.html (letzter Zugriff am 16. November 2020).

Kirchenmusikdirektor des Bautzener Doms, Friedemann Böhme, für seine sachkundige Beratung und wertvollen praktischen Hinweise. Anlass für die Erstellung der Edition war die Erstaufführung der Messe am 4. Oktober 2020 im Bautzener Dom mit dem Katholischen Domchor St. Petri Bautzen e. V. und dem Orchester des Sorbischen Nationalensembles.

Text

Vidi aquam egredientem de templo a latere dextro: alleluia,
et omnes ad quos pervenit aqua ista, salvi facti sunt et dicent: Alleluia, alleluia.[5]

Ich sah Wasser hervorkommen aus der rechten Seite des Tempels, halleluja.
Und alle, zu denen dieses Wasser drang, wurden heil und sie werden sagen: halleluja, halleluja.

Lux orta est iusto et rectis corde laetitia, laetamini iusti in Domino et confitemini memoriae sanctificationis eius.

Dem Gerechten muss das Licht immer wieder aufgehen und Freude den frommen Herzen.
Ihr Gerechten freuet euch des Herrn und danket ihm und preiset seine Herrlichkeit.[6]

Die Quelle

Der Notentext ist in Bautzen im Diözesanarchiv des Bistums Dresden-Meißen unter der Signatur D-BAUd Mu 34f überliefert. Erhalten sind eine Partitur und Stimmenmaterial in einer Abschrift von Carl Wolf aus dem Jahr 1834. Weitere Stimmen (Tenor, Bass, Violone) stammen von einem bisher unbekannten Schreiber. Zur Vereinfachung der Darstellung in den Einzelnachweisen und zur besseren Übersicht wurden die einzelnen Teile der Quelle mit Großbuchstaben durchnummeriert:

Quelle A: Partitur (Schreiber: Wolf)
Quelle B: Einzelstimmen (Schreiber: Wolf)
Quelle B2:   Einzelstimme Violono (Schreiber: Wolf)
Quelle C: Einzelstimmen von einem unbekannten Schreiber (Tenor, Bass, Violono)

Ob die Metronomangaben in den einzelnen Messsätzen und Teilabschnitten auf Carl Wolf oder Bergt zurückgehen, ist unbekannt. Eine einzelne Orgelstimme ist nicht überliefert, vermutlich hat der Organist aus der Partitur gespielt oder die Abschrift ging verloren.
Im Original ist die Bassposaune in D-Dur notiert, die Trompeten in Es. Beides wurde in die heute übliche Weise gesetzt. Die Stielung der Noten in den Orgelparts der Partitur (*Vidi aquam* und *Sanctus*) wurde wie in der Quelle belassen und nur an notwendigen Stellen korrigiert, in den Einzelnachweisen aber nicht extra aufgeführt.
Vor allem in Quelle C gibt es viele Fehler und kleine Korrekturen des Schreibers, die in den Einzelnachweisen näher benannt sind.
Ergänzte Vorzeichen und Triller erscheinen in Klammern. Dynamische Bezeichnungen, wie pia oder for wurden in die heute gebräuchliche Schreibweise p bzw. f geändert. Abbreviaturen wurden in der Edition ausgeschrieben und nicht extra vermerkt. Ergänzte Anmerkungen, wie dolce oder unisono sind kursiv notiert. Zu der Zeit übliche redundante Vorzeichen wurden kommentarlos gestrichen. In der Partitur wurden Klarinetten, Fagotte und Trompeten jeweils auf einem System notiert, in der Edition erhält jede Stimme ihr eigenes System.

5   Vgl. https://www.mariawalder-messbuch.de/as62/asperges/vidiaquam.html (letzter Zugriff am 16. November 2020).
6   Psalm 98, Vers 11+12: vgl. http://www.bibel-verse.de/vers/Psalmen/96/11.html und http://www.bibel-verse.de/vers/Psalmen/96/12.html (letzter Zugriff am 8. November 2019). Text der lateinischen Messe mit deutscher Übersetzung: http://www.basilikachor.at/Elemente/Messtext.pdf)

Besetzung

Sopran Solo (Umfang: es'-a")
Alt Solo (Umfang: b-des")
Tenor Solo (Umfang: e-g')
Bass Solo (Umfang: As-d')
Chor (S, A, T, B)
2 Klarinetten in B
2 Fagotte
2 Trompeten in B
Bassposaune
Pauken in Es/B
Violinen
Viola
Violoncello
Kontrabass
Orgel

Einzelnachweise

Verwendete Abkürzungen: A = Alto, B = Basso, Cl. = Clarinetto, cresc. = Crescendo, Fg. = Fagotto, O. = Oberstimme, Org. = Organo, S = Soprano, T = Tenore, T. = Takt, Timp. = Timpani, Tr. = Trombe, Trb. = Trombone di Basso, U. = Unterstimme, Va. = Viola, Vl. = Violino

Takt	System	Lesart
Vidi aquam		
4	Org. U.	A: 1. Note Unterstimme d zu es korrigiert
17	Org. O.	A: Note 1 einzeln gestielt, analog T. 18 gesetzt
19	S	A: Bindebogen Note 1-4, analog B gesetzt
26	Org. O.	A: Zählzeit 2 d", Zählzeit 3 b' und es" nach unten gestielt notiert
35	Org. U.	A: Auflösungzeichen ergänzt
37/38	A	A: Bindebogen jeweils Note 1-3
Kyrie		
2-23	Fg. I/II	A: Tenorschlüssel notiert
6/15	Vl. II	B: Staccato Note 3 notiert
6	T	C: p und cresc. ergänzt
7	T	C: f ergänzt
8	Vl. II	A/B: Staccato Note 5 ergänzt
9	Vl. II	B: Staccato Note 2 ergänzt analog A
10	Fg. II	B: f ergänzt analog A
11	Va.	B: 2 Halbe Noten notiert
14	Va.	B: Bindebogen ergänzt analog A
14	Bassi	B2: Staccati Note 1-2 notiert
15	Cl. I/II/Fg. I/II	A: p und cresc. ergänzt analog B
15-16	Fg. II	B: Bindebogen notiert
16	Cl. I/II/Fg. I/II	A: f ergänzt analog B
18	Fg. I/II	A: cresc. ergänzt analog B
18	Va.	A/B: Staccati ergänzt
18	S/A/T/B	A: Bindebogen analog B/C ergänzt

19	Bassi	B/B2: Note 8 (f) gestrichen und zu es korrigiert
22	Vl. I	B: cresc. Ergänzt
23	Vl. II	A: Staccato notiert
24	Fg. I/II	A: p ergänzt
24	Vl. II	B: Staccato Note 3 notiert
24	Va.	A/B: Redundantes p Note 1 getilgt
25	Bassi	B/B2: Staccato Note 1 notiert
26	Va.	A: Staccati Note 3-4 ergänzt analog B
27	B	C: Halbe B notiert
30	Va.	A: f Note 1 ergänzt; Staccato Note 4 ergänzt analog Vl. II und B
31	Vl. II	B: Staccato Note 5 notiert
32-33	Va.	B: Haltebogen ergänzt analog A

Gloria

1	T/B	C: f ergänzt
1/4	Fg. I/II/Va./Bassi	A: Staccati ergänzt analog B/B2
4	Vl. I/II	A: Staccato Note 1 und 4 ergänzt analog B
4-5	T	A: Haltebogen ergänzt
6	Fg. I	A: Staccati ergänzt analog Fg. II in B
13	B	A: Bindebogen ergänzt analog B/C
15	Bassi	A: Akzent ergänzt
17	Vl. I	A: undeutlich c" notiert, analog B gesetzt
17	B	C: Akzent ergänzt; Taktstrich innerhalb des Taktes
19/20	Cl. I	A: Bindebogen von g" zu es" ergänzt analog B
23/24	Cl. II	A: Bindebogen von h' zu c" ergänzt analog B
29	B	C: ff ergänzt
29	Cl. I	B: ff ergänzt analog Cl. II in A/B
29	Cl. I/II/Fg. I/II	A: Staccati ergänzt analog B
29-38	Fg. I/II	A: Tenorschlüssel notiert
30	Cl. II/Fg. I/II	A: Note 1 Staccato ergänzt analog B
30	Timp.	A: Staccati ergänzt analog B
39	T	C: Achtelnoten notiert
40	Cl. I	A/B: Bindebogen Note 1-2
40	Fg. I	A: Staccati ergänzt analog B
41	Cl. II	A: Bindebogen Note 1-3 ergänzt analog B
43	S	A: Bindebogen bis Note 4, analog B gesetzt
46	Fg. II	A: Note 4 Auflösungzeichen notiert, gesetzt analog B
47	Va./Bassi	A: Staccati ergänzt analog B/B2
49	Timp.	A: ein f von ff ausradiert, in B ff notiert
49-51/53-56	Cl. I	A: Staccati ergänzt analog B
49-51/53-56	Fg. I/II	A/B: Staccati ergänzt analog Cl. I in B
51	Va./Bassi	A/B/B2: Staccati ergänzt analog T. 47 in B
53-56	Cl. II	B: Staccati ergänzt analog Cl. I in B
59-60	Timp.	B: Triller über beide Takte notiert
67	Cl. II	B: Fermate Note 1 notiert
71/72/75/76	Vl. II/Va.	A: Staccati und Bindebogen ergänzt analog B
76	T	C: f notiert
76	Va.	A: Staccati und cresc. ergänzt analog B
79	S	A/B: p ergänzt
80	Vl. I	B: cresc. Ergänzt
84	Va.	A: f ergänzt
84	Bassi	B: Bindebogen ergänzt analog A

84-91	T	C: fehlende Takte, Notiz in C: „fehlt eine Zeile"
88	Va.	A: p ergänzt
92	Va.	B: f ergänzt analog A
92-93	Va.	B: Bindebogen ges-ges notiert
93	Bassi	A/B/B2: Bindebogen ergänzt analog T. 85
94	T	C: ff notiert
103	Cl. I	B: Bindebogen ergänzt analog A
104/111	B	C: Bindebogen Note 3-4 ergänzt
106	B	C: cresc. Ergänzt
107	Cl. II	A/B: fp ergänzt
109	Cl. I	A/B: fp ergänzt
109-110	Fg. I	B: Bindebogen ergänzt analog A
110	Fg. I	B: cresc. ergänzt analog A
112	Cl. II	A: Bindebogen Note 1-2 ergänzt analog B
117-120	Fg.	A: Tenorschlüssel notiert
121	Cl. I/II/Fg. I/II	B: sfz notiert
121	Va.	B: rfz ergänzt analog A
121-122	Timp.	B: Haltebogen ergänzt analog A
121/122	Bassi	B/B2: Staccati notiert
123/126	Va./Bassi	A: Staccati ergänzt (T. 123 analog B)
124	Fg. I/II	A: Bindebogen ergänzt analog B
124-125	Timp.	B: Haltebogen ergänzt analog A
126	Vl. I/II/Va./Bassi	B/B2: Staccati ergänzt
128	A, T	A/B/C: Staccati Note 1-2 ergänzt
129	Tr. I/II	A/B: sf ergänzt
129	Bassi	B2: sfz ergänzt analog A
131	Cl. I/II/Fg. I/II/Timp.	A: Staccati ergänzt analog B
132	Fg. I	A: Staccati Note 4-5
132	Fg. II	B: Staccati Note 4-5
136	T	A/B/C: Akzent ergänzt
136	Vl. I	B: Bindebogen Note 4-5 notiert
139	B	A: Akzent ergänzt analog B/C
142	S	A/B: Akzent ergänzt
142-143	T	A: Bindebogen ergänzt analog B/C
152	Bassi	A/B/B2: Staccati Note 5-8 analog Va. ergänzt
159/160	T	A/B: Bindebogen ergänzt analog C
161	Bassi	A: Akzent ergänzt analog B/B2
167	A	A: Silbe -men auf Note 1
172	S	A/B: Akzent ergänzt
175	Bassi	A: Staccati ergänzt analog Va.
179-180	S	A: Bindebogen über beide Takte, B: Bindebogen bis Note 2 T. 180
180	Bassi	A: „Tutti Bassi" ergänzt analog B/B2
182	B	A/B: Bindebogen ergänzt analog C
185	Trb.	A: Staccati ergänzt analog B
185	Va.	A: Staccati Note 2-3 ergänzt
185/186	Cl. I/II/Fg. I/II	A: Staccati ergänzt analog B
187	Cl. II	B: Staccato notiert
191-197	Fg. I/II	A: Tenorschlüssel notiert
194-195	Tr. II	B: Bindebogen notiert
196	A	A: Bindebogen ergänzt analog B
196-197	Cl. II/Fg. II	B: Bindebogen notiert
199	B	C: Ganze Note es notiert

Graduale

7	Va.	A: Staccati analog Bassi ergänzt
9	Fg. I/II	B: Staccato Note 1 ergänzt analog A
9	Bassi	A: Staccato Note 4 ergänzt analog B
10	Fg. I	B: Staccato notiert
11	Fg. II	A: Akzent ergänzt
16	Va.	A/B: Staccati Note 1-2 ergänzt
18/19	Va./Bassi	A: Staccati ergänzt analog B
19	Vl. II	A: Staccato Note 2 notiert
19/20	Fg. II	B: Bindebogen c bis f notiert
20	Fg. I/II	A/B: Staccati ergänzt
20	Vl. I/Bassi	B/B2: Staccati Note 5-6 notiert
20	Bassi	A: Staccati Note 2-4 ergänzt analog B/B2
21	Fg. II	A: Staccati ergänzt analog B
21	Vl. II	B: Staccato Note 3 notiert
21	Cl. I/II/Va.	A: Staccati ergänzt analog B
21	Va.	A: Unterstimme es notiert
21	Bassi	A: Staccati ergänzt analog B/B2
22	Bassi	B/B2: „Solo" und Staccati Note 5-8 notiert
24	Vl. II/Bassi	A/B/B2: Staccati ergänzt
25	Cl. I	B: Bindebogen Note 1-3 notiert
25	Cl. I	A/B: Note 5 f' notiert
28	Vl. I	B: Staccati Note 1-4 ergänzt analog A
30	Vl. II/Va.	A/B: Staccati ergänzt
41	Cl. II	B: Bindebogen ergänzt analog A
42	Fg. I/II	A/B: Staccati ergänzt
42	Vl. I	A/B: Staccato Note 4 ergänzt
46	Fg. II	A: Bindebogen ergänzt analog B
47	Vl. I	A/B: Staccati Note 1-2 ergänzt
47	Bassi	B/B2: sf ergänzt analog A; B2: Akzent Note 1 notiert
47	Bassi	A/B/B2: Staccati Note 4-5 ergänzt
49	Va.	A/B: Staccati Note 1-2 ergänzt
51	Fg. I	B: f ergänzt analog A
51-68	Fg. I/II	A: Tenorschlüssel notiert
52	Vl. I/II/Va.	A/B: Staccato Note 2 ergänzt
53	Vl. II	A/B: Staccati ergänzt
57-59	Bassi	A: Staccati ergänzt analog B/B2
60	Vl. I	A: Auflösungzeichen Note 6 ergänzt analog B
61	Bassi	A/B/B2: Staccato Note 5 ergänzt
61/62	Vl. II	A/B: Staccati ergänzt analog Vl. I
61/62	Va.	A/B: Staccati ergänzt analog Vl. I in A
62	Vl. II/Va.	A/B: Staccato Note 1 ergänzt
62	Bassi	A: Staccati ergänzt, B/B2: Staccato Note 5 ergänzt
63	Fg. I	B: Staccati ergänzt analog A und Fg. II in B
63	Vl. II	A/B: Staccato Note 1 ergänzt
64	Cl. I/II/Fg. II	A: Staccati ergänzt analog Fg. II in B
64	Vl. I/II	A/B: Staccato Note 3 ergänzt
64	Bassi	A: Staccati Note 5-8 ergänzt analog B/B2

Credo

4	Cl. I/II/Fg. I/II	A/B: Staccati ergänzt analog Bassi in B/B2
4	Va./Bassi	A/B: Staccati ergänzt analog Bassi in B/B2

5	Fg. I/II/Bassi	A/B: Akzent ergänzt analog Fg. II in B
5	Vl. I/II/Va.	A/B: Akzent ergänzt analog Cl. I/II/Fg. II in B
13	Fg. I	A/B: Note 2 es' notiert
17	Vl. I/II	A/B: Akzent Note 2 ergänzt
18	Fg I/II/B.	A: Akzente ergänzt analog B/C
19	Fg. I/II	A/B: Staccati ergänzt
20	Fg. I/II	B: Akzent Note 1 notiert
20	Bassi	A/B/B2: Akzent Note 2 ergänzt
21-24	Fg. I/II	A: Tenorschlüssel notiert
25	A	A: Bindebögen Note 4-5 und 6-7 analog B ergänzt
29	Cl. I	B: Staccato notiert
30/33	Vl. I	A/B: Staccato Note 1 ergänzt
37	Vl. II	A/B: Staccato Note 1 ergänzt
43	B	C: Akzent ergänzt
43-54	Fg. I/II	A: Tenorschlüssel notiert
44	Timp.	A/B: sf ergänzt
45	Trb.	B: Staccato Note 4
49	S	A/B: Akzent Note 2 ergänzt
53	Tr. I/II	A: Akzente ergänzt analog B
54	Cl. I/Fg. I/II	A: Staccati ergänzt analog B
57	Cl. II/Fg. I	A: Bindebogen ergänzt analog B
58	Fg. I	B: Bindebogen ergänzt analog A
60	T	B/C: Note 4 als e' notiert
61	Bassi	B: Bindebogen Note 1-3 notiert
62	Vl. I	B: Bindebogen Note 1-2 ergänzt analog A
66	Fg. I	A: Bindebogen Note 1-2 ergänzt analog B
69	T	C: Note 5 als f notiert
74	Bassi	A: Staccati Note 4-5 ergänzt analog B/B2
75	Vl.I/II/Va.	A: Staccati und Bindebogen ergänzt analog B
75	Bassi	A: Staccati ergänzt analog B/B2
75/76	Fg. I	B: Bindebogen es' zu c'
76	Cl. I	A/B: Bindebogen Note 1-3 notiert
76	Fg. I	B: Bindebogen Note 1-2 ergänzt analog A
76	Bassi	A: Bindebogen ergänzt analog B/B2
77	T	C: Ganze Note mit Viertelpause notiert
78/79	Cl. I	A: Bindebögen ergänzt analog B
87	Cl. II	B: Bindebogen Note 1-5 notiert
88	Fg. I	B: Bindebogen ergänzt analog A
90	Va.	B: Staccato Note 6 ergänzt analog A
91	Va.	A: Staccati ergänzt analog B
91	Bassi	A: Staccati ergänzt analog B/B2
91/93	Vl. I/II	A: Staccati Note 2-4 ergänzt analog B
94	Vl. I/II/Va./Bassi	A/B: Note 1 d mit Auflösungzeichen notiert
95	Va./Bassi	A: Staccati ergänzt analog B/B2
97	Vl. I/II	A: Staccati ergänzt analog B
99	Fg. I/II	B: Bindebogen ergänzt analog A
101-103	Vl. I/II	A: Staccato Note 1 ergänzt analog B
103	Va.	A/B: Staccati ergänzt analog Bassi in B
103	Bassi	A: Staccati ergänzt analog B/B2
107	Bassi	B/B2: Staccati notiert
109	B	A: Note 3 als c' notiert (in B/C durchgestrichen und b ergänzt)
111	Vl. I	A/B: f ergänzt

113-114	Fg. I	A: Haltebogen ergänzt analog B
118	B	A: Akzent ergänzt analog B/C
118	Bassi	A: redundantes f Note 1 getilgt
120	Fg. II	A: Note 1 als Viertel notiert
129	Bassi	B: sf ergänzt analog A
134	Fg. II/Trb.	A/B: Akzent ergänzt
134-135	Fg. II	A/B: Bindebogen b zu as getilgt
135	Vl. I/II	B: Staccati ergänzt analog A
139	Cl. II	B: Bindebogen Note 1-2 ergänzt analog A
142/149	Timp.	A/B: sf ergänzt
143	Cl. I/II	A/B: f ergänzt
144	Cl. I/II	A: Staccati ergänzt analog Cl. II in B
146	Vl. I	B: Akzent ergänzt analog A
156	Va./Bassi	A/B/B2: sf ergänzt
165	Bassi	A: Staccati ergänzt analog B/B2
169-170	Fg. II	B: Bindebogen notiert
172	A	A/B: Akzent ergänzt
184	Vl. I	A/B: f ergänzt
186	Vl. I	A/B: Akzente ergänzt
187/189	Trb.	A: Akzente ergänzt analog B
188	Tr. I/II	A/B: sf ergänzt
191	Cl. II	B: Staccati notiert

Offertorium

8	Vl. II	B: Bindebogen Note 1-3
9-14	Fg. I/II	A: Tenorschlüssel notiert
10	S	B: Bindebogen Note 7-8 ergänzt
10	Va.	A: Bindebogen von Note 1-2
18	Bassi	B/B2: Bindebogen Note 3-4 ergänzt analog A
29-32	Fg. I/II	A: Tenorschlüssel notiert
37-42	Fg. I/II	A: Tenorschlüssel notiert
39	S	A: Bindebogen Note 2-4, B: Bindebogen Note 1-3
45	Fg. I/II	A/B: Akzent ergänzt
46	Fg. I/II/Bassi	A/B: Staccati ergänzt
49	Vl. I	A: Staccato Note 3 ergänzt analog B
49	Va./Bassi	A/B: Staccato Note 1 ergänzt
56	Fg. II	B: sfp notiert
59	S	A: Staccato Note 2 ergänzt analog B
60-86	Fg. I/II	A: Tenorschlüssel notiert
63	Va.	B: Auflösungzeichen ergänzt analog A
65	Vl. I	B: fp ergänzt analog A
79	S	A: Bindebogen Note 1-3, B: Bindebogen Note 1-2
80	Vl. II	A: Bindebogen Note 1-6
88	Fg. II	B: cresc. ergänzt analog A
89	Bassi	B/B2: Staccato Note 1 notiert

Sanctus

1	Tr. I/II	B: „Solo" von anderer Hand notiert
3	Timp.	A/B: f ergänzt
4-7	Vl. II	B: Staccati ergänzt
5-7	Vl. I	A: Staccati ergänzt analog B
5/7	Va./Bassi	A/B/B2: Staccati ergänzt analog T. 3

6-7	Trb.	A: Haltebogen ergänzt analog B
7	Timp.	A: f ergänzt analog B
10	B	C: ff ergänzt
13/19	Bassi	A/B/B2: Staccati ergänzt
14	Vl. II	A/B: Akzent Note 1 ergänzt
15	Bassi	B: Bindebogen ergänzt analog A
16	B	C: Note 1 als Viertel notiert
21	T	B: Bindebogen Note 3-4 ergänzt
21	Vl. II	A/B: Staccati ergänzt
25	Fg. I/II/Vl. I/Va./Bassi	A/B/B2: Staccati ergänzt
26	Fg. I/II	A/B: Akzent Note 3 ergänzt
26	T	C: Bindebogen Note 2-3 notiert; A/B/C: Akzent ergänzt
26	Bassi	A/B/B2: Akzente ergänzt
27	Fg. I/II	A/B: Staccati ergänzt
27	Bassi	B/B2: Staccati ergänzt analog A
28-29	S	A: Bindebogen ergänzt
29	Fg. II	A/B: Staccati ergänzt
30	A	A/B: Bindebogen Note 1-2
30-31	S	B: Bindebogen ergänzt
31	Fg. II	B: Bindebogen ergänzt analog A
31	B	A: Bindebogen sehr flüchtig über Note 1-2 gesetzt
32	Bassi	A: Staccati ergänzt
33	Trb./Va./Bassi	A: Staccati ergänzt analog B
36-37	Cl. I	A: Bindebogen über beide Takte notiert
38	Cl. I/II	A: f ergänzt analog Cl. II in B
38	Fg. I/II/Va./Bassi	A/B/B2: f ergänzt

Benedictus

8	Bassi	A/B: Staccati Note 1-2 ergänzt analog B2
14	S	A/B: Bindebogen Note 1-3
15	T	B/C: Staccato ergänzt
15	B	B/C: Staccato ergänzt
20/21/25/26	Va.	A/B: Staccati ergänzt
20/21/25/26	Bassi	A: Staccati ergänzt analog B/B2
23	Fg. I	A: Bindebogen Note 1-2
23	Fg. II	B: Bindebogen Note 1-2
24/25	Vl. II	A: Staccati ergänzt analog B
25/26	Vl. I	A: Haltebogen ergänzt analog B
28	Fg. II	A: Bindebogen ergänzt analog B
28	T	C: Note 3 als Viertel notiert
29	Va.	B: p ergänzt analog A
35-36	Fg. I/II	A: Tenorschlüssel gesetzt
37	Bassi	A/B/B2: Staccato Note 3 ergänzt
39	Bassi	A/B/B2: p Note 2 ergänzt
49/50	Fg. I	A: Haltebogen ergänzt analog B

Agnus Dei

3	T	C: f ergänzt
21-33	T	C: Takte sind doppelt notiert
26	Va.	A/B: Fermate Note 1 ergänzt
35	S	A/B: Akzent ergänzt
35	Vl. II	A/B: Haltebogen Note 1-2 notiert

36	B	A: Halbe B notiert
49	Fg. II	B: Note 2 es notiert
49	T	C: f ergänzt
49	Trb., Timp., Va.	A: f ergänzt
49	Bassi	B: f ergänzt, A: Staccato ergänzt analog B/B2
50	B	C: Auflösungzeichen Note 3 ergänzt
51/70	Fg. II	A/B: Staccato ergänzt
64	Tr. I/II	A/B: Staccato ergänzt
56-61	Fg. I/II	A: Tenorschlüssel gesetzt
67	B	A: Bindebogen Note 1-3
68	Bassi	A: Staccato ergänzt analog B
70	Bassi	A/B: Staccato ergänzt
77	Fg. I/II	A/B: „il" ergänzt
78	Tr. I/II/Timp.	A/B: f ergänzt
78	S	B: „nobis" Note 2-3 notiert
79	T	C: fp ergänzt
79/80	B	C: Bindebogen ergänzt
80	T	C: cresc. ergänzt
81	Cl. I	A: f ergänzt analog B
81	Fg. I/II	A/B: Staccati ergänzt
81	Vl. II	A: Staccato Note 3 ergänzt analog B
84/85	Fg. II	A: Bindebogen ergänzt analog B

Messe in Es

1. Vidi aquam

Christian Gottlob August Bergt
(1771-1837)

2. Kyrie

3. Gloria

33

40

4. Graduale

39
Cl. I
Cl. II
Fg. I
Fg. II
Vl. I
Vl. II
Va.
Bassi

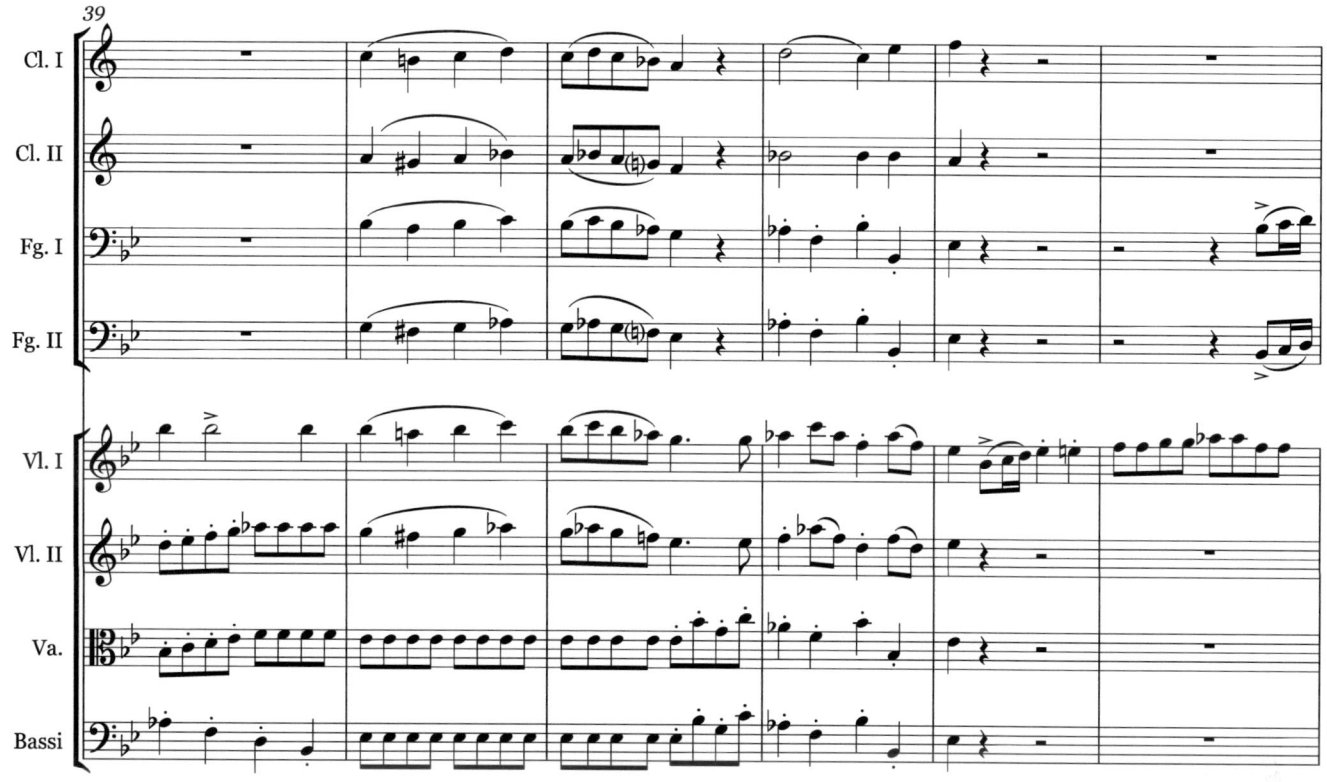

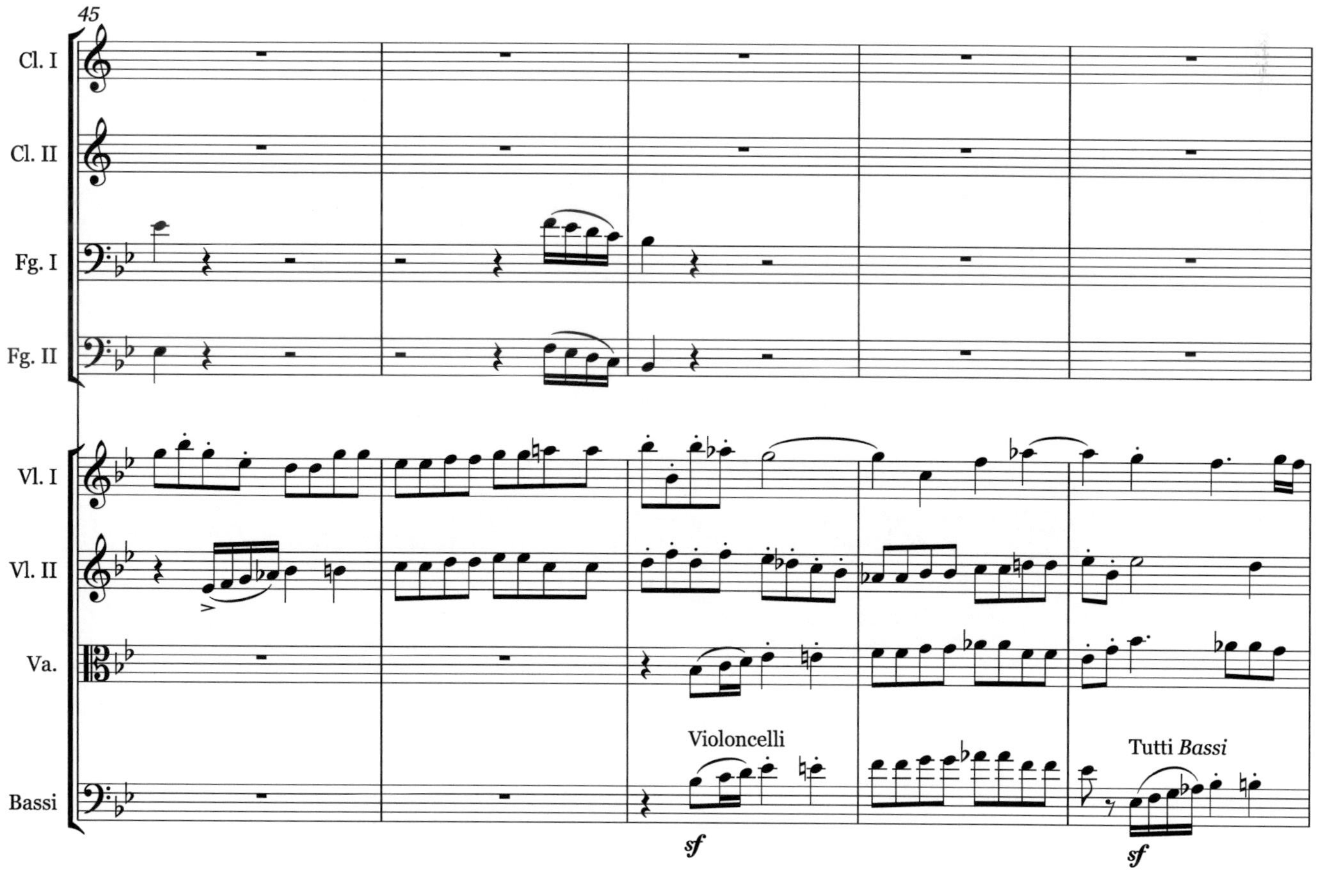
45
Cl. I
Cl. II
Fg. I
Fg. II
Vl. I
Vl. II
Va.
Violoncelli
Tutti Bassi
Bassi
sf
sf

5. Credo

cto-rem coe-li et ter - rae, vi - si - bi - li-um o - mni-um et in - vi - si - bi - li -

6. Offertorium

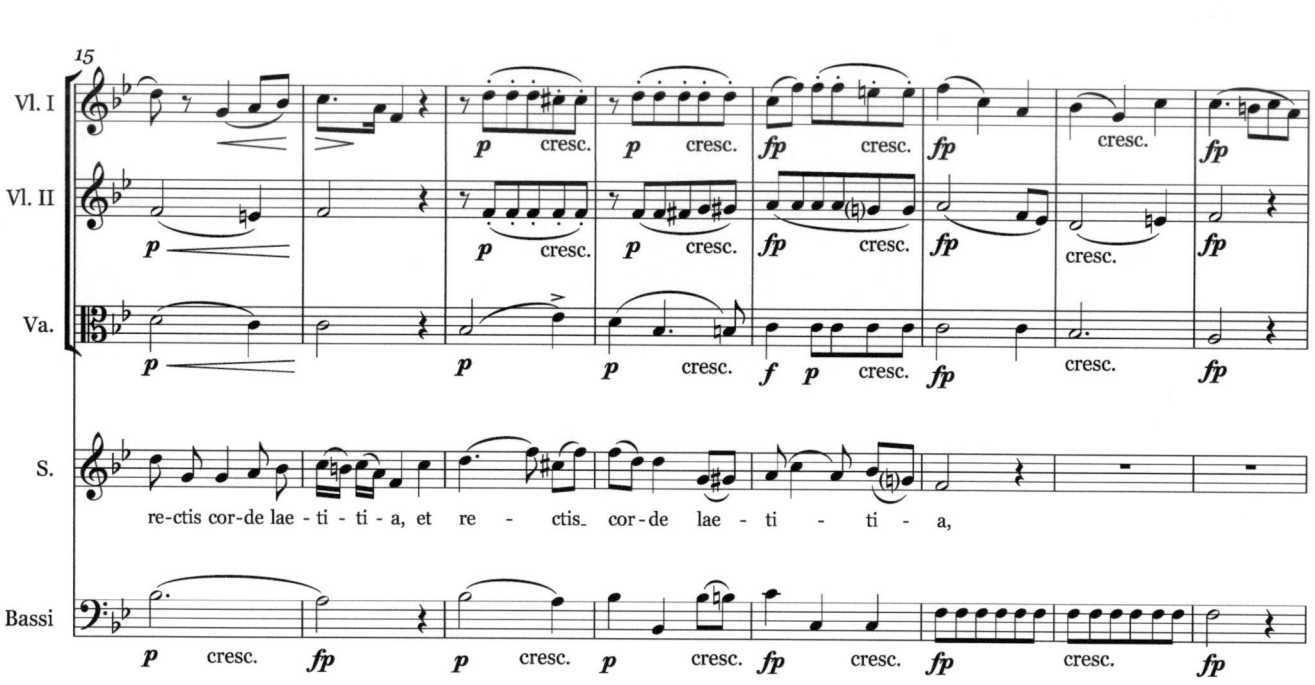

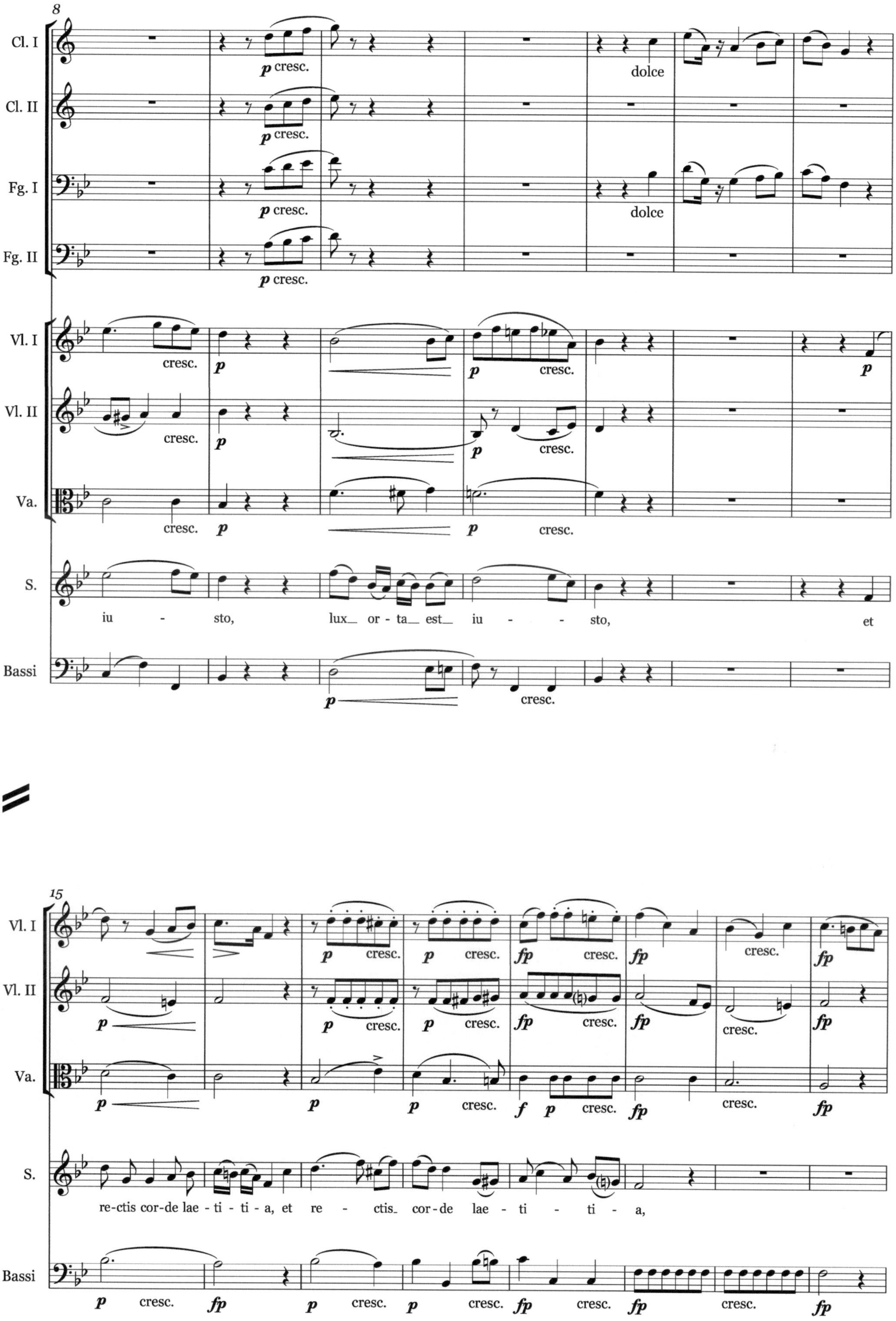
8
Cl. I
Cl. II
Fg. I
Fg. II
Vl. I
Vl. II
Va.
S.
Bassi
p cresc.
dolce
cresc.
p
iu - sto, lux_ or - ta_ est_ iu - - sto, et
15
fp
f
re-ctis cor-de lae - ti - ti - a, et re - ctis_ cor-de lae - ti - ti - a,

7. Sanctus

103

attacca Benedictus

8. Benedictus

9. Agnus Dei

115

117

Im Donatus-Verlag ist außerdem erschienen:

Die Sopranarie „Fida quest' alma oh Dio" stammt aus dem zweiten Akt der Oper „Tutto per amore" („Alles für die Liebe") des Dresdner Hofkapellmeisters Johann Gottlieb Naumann (1741–1801). Sie ist eine der Hauptarien der Titelfigur Clorinda, die um die Liebe zu Armidoro kämpft. Die Arie beginnt mit einem lyrischen Larghetto und endet mit einem fulminanten, dramatischen Allegro, das an Mozarts Konzertarien erinnert. Uraufgeführt wurde das Werk am 5. März 1785 im Kleinen Kurfürstlichen Theater Dresden und später ins Deutsche und Dänische übersetzt.

Partitur
herausgegeben von Claudia Lubkoll

24,95 €
ISBN 978-3-946710-23-3
www.donatus-verlag.de